老子

读好书系列 彩色插图版 DUHAOSHU XILIE

（春秋）李耳 ◎ 著
墨人 ◎ 主编

老子的思想主张是"无为"，老子的理想政治境界是"邻国相望，鸡犬之声相闻，民至老死不相往来"。老子以"道"解释宇宙万物的演变，认为"道生一，一生二，二生三，三生万物"，"道"乃"夫莫之命而常自然"，因而"人法地，地法天，天法道，道法自然"。"道"为客观自然规律，同时又具有"独立不改，周行而不殆"的永恒意义。

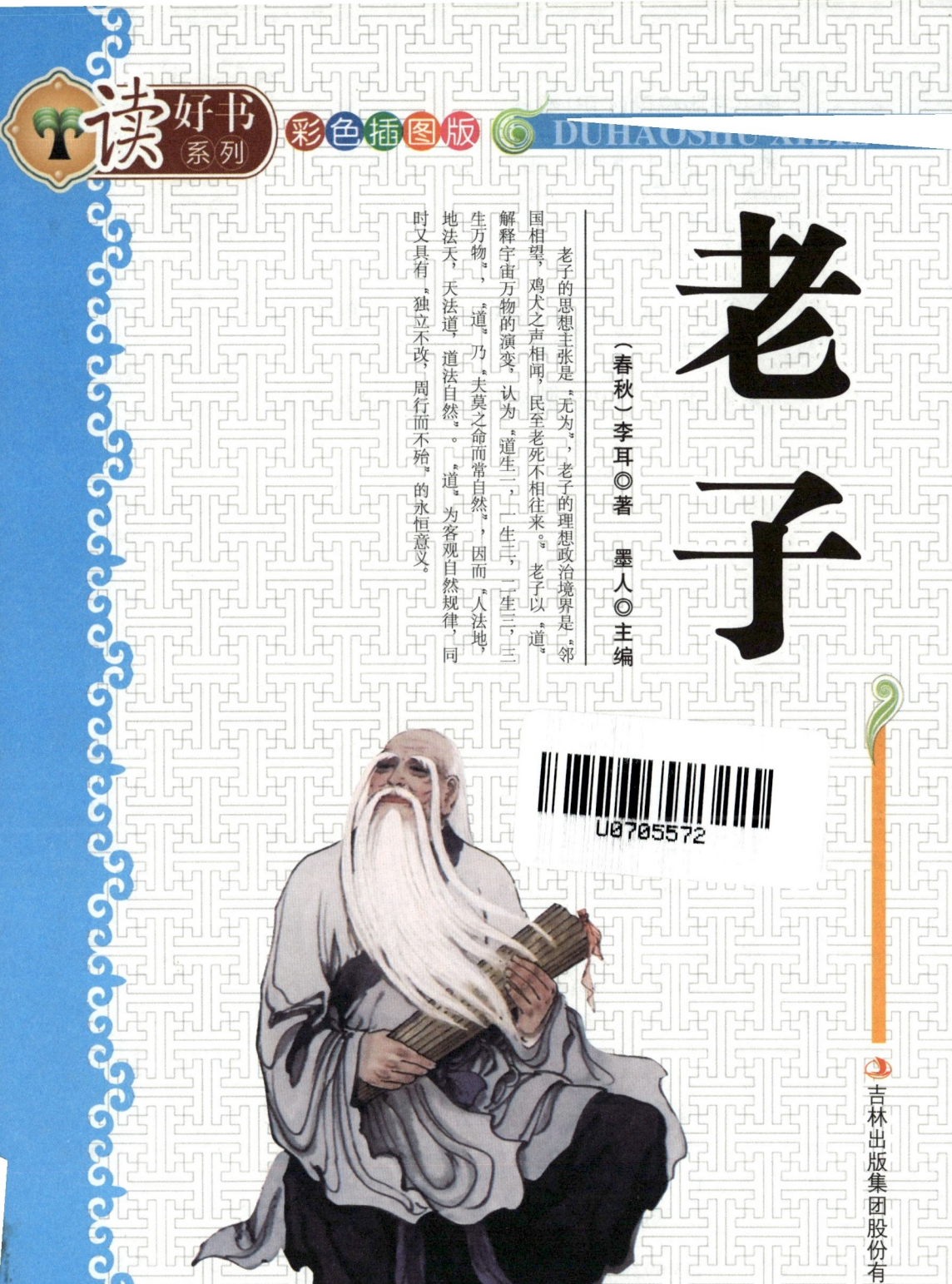

吉林出版集团股份有限公司

图书在版编目(CIP)数据

老子 / (春秋) 李耳著；墨人主编. -- 长春: 吉林出版集团股份有限公司, 2011.11
(读好书系列)
ISBN 978-7-5463-6921-1

Ⅰ. ①老… Ⅱ. ①李… ②墨… Ⅲ. ①道家②老子—青年读物③老子—少年读物 Ⅳ. ①B223.1-49

中国版本图书馆 CIP 数据核字（2011）第 219566 号

老 子
LAOZI

主　　编	墨　人
出 版 人	吴　强
责任编辑	尤　蕾
助理编辑	杨　帆
开　　本	710mm×1000mm　1/16
字　　数	100 千字
印　　张	10
版　　次	2011 年 11 月第 1 版
印　　次	2022 年 9 月第 3 次印刷

出　　版	吉林出版集团股份有限公司
发　　行	吉林音像出版社有限责任公司
地　　址	长春市南关区福祉大路5788号
电　　话	0431-81629667
印　　刷	河北炳烁印刷有限公司

ISBN 978-7-5463-6921-1　　　　定价:34.50 元

版权所有　　侵权必究

前言
QIAN YAN

  《老子》是先秦道家学派的代表性著作,是中国古代著名的经典著作之一。它开创了我国古代哲学思想的先河,不仅对我国古代思想文化的发展做出了重要贡献,而且对我国两千多年来思想文化的发展产生了深远的影响。

  老子其人,历来颇有争议。司马迁在《史记》中说他是中国古代的哲学家、思想家,道家学派的创始人,姓李氏,名耳,字聃,春秋末期楚国苦县(今河南鹿邑东)厉乡曲仁里人,在首都洛阳担任过"守藏室之史"(管理藏书的史官),孔子曾向他问礼。也有人说他可能是周烈王时见过秦献公的周太史儋(dān),还说他可能就是老莱子。现代大多取第一种说法。

  《老子》一书共分八十一章,前三十七章为《道经》,后四十四章为《德经》,所以又称《道德经》。全书共五千余字,虽然篇幅不长,却论述精辟,思想深邃。从养生到修身,从宇宙到人生,从物质到精神,从社会到政治,各个层面的内容几乎都囊括其中,并布列得井井有序。

  为了弘扬中华民族的传统文化,将博大精深的中国古典文学珍品介绍给小读者们,我们重新整理,博采众家之长,最终编撰成了这本精品彩图版本的《老子》。为了能让小读者们更直观、更全面地了解和体味书中文字的思想内涵,我们特别精心手绘了多幅插图,这些插图与书中文字相得益彰、相映成趣,使小读者们在获取知识的同时,还能享受到轻松愉悦的阅读体验。

  虽然书中的某些段落小读者们现在读起来可能有些晦涩难懂,但是《老子》就是这样一部需要用时间去慢慢阅读的著作,且常读常新。希望这本《老子》能够潜移默化地帮小读者们树立正确的世界观、价值观、人生观!

编 者

目 录
MU　LU

上篇　道经

第一章　（论道）……………………………………… 1
第二章　（治国）……………………………………… 3
第三章　（治国）……………………………………… 5
第四章　（论道）……………………………………… 7
第五章　（治国）……………………………………… 9
第六章　（论道）……………………………………… 11
第七章　（修身）……………………………………… 12
第八章　（修身）……………………………………… 13
第九章　（养生）……………………………………… 15
第十章　（修身）……………………………………… 17
第十一章　（论道）…………………………………… 19
第十二章　（养生）…………………………………… 21
第十三章　（修身）…………………………………… 23
第十四章　（论道）…………………………………… 25
第十五章　（修身）…………………………………… 27
第十六章　（修身）…………………………………… 29

第十七章 （治国）……………………………………………… 31
第十八章 （砭时）……………………………………………… 32
第十九章 （治国）……………………………………………… 33
第二十章 （修身）……………………………………………… 35
第二十一章 （论道）…………………………………………… 37
第二十二章 （修身）…………………………………………… 39
第二十三章 （治国）…………………………………………… 41
第二十四章 （修身）…………………………………………… 43
第二十五章 （论道）…………………………………………… 45
第二十六章 （修身）…………………………………………… 47
第二十七章 （治国）…………………………………………… 49
第二十八章 （修身）…………………………………………… 51
第二十九章 （治国）…………………………………………… 53
第三十章 （议兵）……………………………………………… 55
第三十一章 （议兵）…………………………………………… 57
第三十二章 （论道）…………………………………………… 59
第三十三章 （修身）…………………………………………… 61
第三十四章 （论道）…………………………………………… 62
第三十五章 （论道）…………………………………………… 64
第三十六章 （治国）…………………………………………… 66
第三十七章 （治国）…………………………………………… 68

下篇　德经

第三十八章　（砭时）…………………………… 70
第三十九章　（治国）…………………………… 72
第四十章　（论道）……………………………… 74
第四十一章　（论道）…………………………… 75
第四十二章　（论道）…………………………… 77
第四十三章　（治国）…………………………… 79
第四十四章　（养生）…………………………… 80
第四十五章　（修身）…………………………… 82
第四十六章　（养生）…………………………… 84
第四十七章　（修身）…………………………… 85
第四十八章　（治国）…………………………… 87
第四十九章　（治国）…………………………… 89
第五十章　（养生）……………………………… 91
第五十一章　（论道）…………………………… 93
第五十二章　（修身）…………………………… 95
第五十三章　（砭时）…………………………… 97
第五十四章　（修身）…………………………… 99
第五十五章　（修身）…………………………… 101
第五十六章　（治国）…………………………… 103
第五十七章　（治国）…………………………… 105
第五十八章　（治国）…………………………… 107

第五十九章 （修身）	109
第六十章 （治国）	111
第六十一章 （治国）	112
第六十二章 （修身）	114
第六十三章 （修身）	116
第六十四章 （治国）	118
第六十五章 （治国）	120
第六十六章 （治国）	122
第六十七章 （修身）	124
第六十八章 （议兵）	126
第六十九章 （议兵）	128
第七十章 （修身）	130
第七十一章 （修身）	132
第七十二章 （治国）	133
第七十三章 （治国）	135
第七十四章 （砭时）	137
第七十五章 （砭时）	139
第七十六章 （修身）	141
第七十七章 （砭时）	143
第七十八章 （修身）	145
第七十九章 （治国）	147
第八十章 （治国）	149
第八十一章 （修身）	151

上篇 道经

第一章（论道）

【原　文】

道可道①，非常道；名可名②，非常名。无，名天地之始；有，名万物之母。故常无欲，以观其妙；常有欲，以观其徼

(jiào)③。此两者同出而异名,同谓之玄。玄之又玄,众妙之门。

【注释】

①道可道:第一个"道"是名词,指的是宇宙的本原和实质,引申为原理、原则、规律等;第二个"道"是动词,指解说、表述的意思。

②名可名:第一个"名"是名词,指"道"的形态;第二个"名"是动词,是说明的意思。

③徼:边界、边际,引申为表面。

【译文】

道如果说得出,就不是永恒的道;名可以叫得出,就不是永恒不变的名。有了空间,才开始出现天地;有了物质,才开始产生万物。所以假如一个人经常保持清静无欲,就可以观察天地万物的微妙所在;如果经常多欲,就只能看到天地万物的表面现象。空间和物质同时出现而有不同的名称,它们都非常奥妙。如果不懈地去探索它们,就可以找到通向万物奥秘的大门。

第二章（治国）

【原　文】

天下皆知美之为美,斯①恶已②;皆知善之为善,斯不善已。故有无相生,难易相成,长短相形,高下相倾,音声相和,前后相随,恒也。是以圣人③处无为之事,行不言之教;万物作焉而不辞,生而不有,为而不恃,功成而弗④居。夫唯弗居,是以不去。

【注释】

①斯:就、则。
②恶已:恶,丑。已,通"矣"。
③圣人:古时人所推崇的最高层次的典范人物。
④弗:不。

【译文】

如果天下的人都知道美好的东西是美的,那么丑恶的东西就显露出来了;如果天下人都知道善良的事情是善良的,那么不善良的事情就显露出来了。所以,有和无、难和易、长和短、高和下、音和声、先和后,都是在对立中相互依存、互为条件的。所以圣人所做的事就是顺应自然而不提倡人为,圣人的教育就是顺应人心而不提倡言语教化;万物生长而不加以限制,生养了万物而不据为己有,帮助了万物而不依赖它们,建立了功劳而不居功。正因为不居功,所以功劳更大。

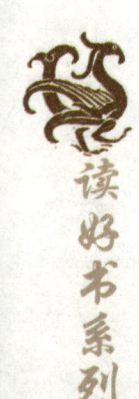

第三章（治国）

【原 文】

不尚贤①,使民不争;不贵②难得之货,使民不为盗;不见可欲,使民心不乱。是以圣人之治,虚其心,实其腹;弱其志,强其骨。常使民无知无欲,使夫知者不敢为也。为无为③,则无不治④。

【注释】

①尚贤:尚,崇尚、尊崇。贤,有才能、有德行的人。
②贵:以之为贵、珍爱。
③为无为:执行无为政策。第一个"为"是动词,是执行的意思。
④治:治理,即把天下治理得太平。

【译文】

不尊崇有才能的人,这样民众就不再竞争;不以珍宝为贵重,这样民众就不会偷盗了;不诱发邪情私欲,民心才不会乱。因此圣人治国的办法是:使人们头脑简单,使百姓吃饱肚子,使人们的志气弱小,使百姓的筋骨强壮。永远使百姓没有知识、没有欲望,使那些聪明人不敢随意为所欲为。圣人根据"无为"的原则治理天下,天下就没有治理不好的。

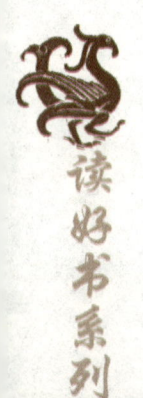

第四章（论道）

【原文】

道冲①，而用之或不盈②。渊③兮，似万物之宗④。挫其锐，解其纷，和其光，同其尘⑤。湛⑥兮，似或存。吾不知谁之子，象帝之先⑦。

【注释】

①冲:空虚。
②盈:满,引申为尽。
③渊:难以认识,深邃复杂。
④宗:根本、主旨。
⑤尘:尘埃,比喻缺陷、污垢。
⑥湛:沉没,引申为隐约的意思。
⑦象帝之先:出现在天帝之前。象,显像、出现。

【译文】

道是空虚无形的,但它的能量和作用是无穷无尽的。它是那样的深邃啊,好像是万物的主宰。它挫去万物的锋芒,从而解除它们之间的纷争,调和它们的光耀(优点),从而使它们都具有一定的缺陷。它是那样的无形无影,隐没不见,又好像实际存在。我不知道是谁产生了它,但我知道它在天帝之前就有了。

第五章（治国）

【原 文】

天地不仁，以万物为刍狗①；圣人不仁，以百姓为刍狗。天地之间，其犹②橐（tuó）籥（yuè）③乎？虚而不屈，动而愈出。多言数穷，不如守中④。

【注 释】

①刍狗：用草扎成的狗。古代专门用于祭祀，祭祀完毕，就把它扔掉或烧掉。"天地不仁，以万物为刍狗"，是说天地对万物无所私爱，而任其自然产生或毁灭。

②犹：比喻词，是"好像""如同"的意思。

③橐籥：古代冶炼时为炉火鼓风用的助燃器具——送风管和袋囊，是古代的风箱。

④中：通"冲"，是空虚的意思。

【译 文】

天地无所偏爱，任凭万物自然生长；圣人无所偏爱，任凭百姓自然发展。天地之间不正像个大风箱吗？虽然空虚却不会穷尽，越鼓动就越生出风来（比喻越变化产生的事物越多）。所以说得太多，就会使自己陷入困窘，不如保持内心的清静。

第六章（论道）

【原文】

谷神①不死，是谓玄牝（pìn）。玄牝之门，是谓天地根。绵绵若存②，用之不勤。

【注释】

①谷神：谷，养。"谷神"即指"道"——生养天地万物的神灵。

②若存：据宋代诗人苏辙解释，是实际存在却无法看到的意思。

【译文】

空间的神妙作用是永远不会消失的，它好像一个玄妙的母体。而这一母体就是产生万物的根源。它孕育万物生生不息，连绵不绝，它渺渺茫茫，似有似无，但作用无穷无尽。

第七章(修身)

【原文】

天长地久。天地所以能长且久者,以其不自生,故能长生。是以圣人后其身而身先,外①其身而身存。非以其无私耶(yé)②?故能成其私。

【注释】

①外:文中是置之度外的意思。
②耶:助词,表示疑问的语气。

【译文】

天地长久存在。天地之所以能够长久存在,是因为它们的存在不是为了自己,所以能长久存在。因此,圣人把自己放在最后,反而能在众人之中领先;把生命置之度外,反而能保全自身得以生存。这不正是因为圣人无私吗?所以才能成就他的事业。

第八章（修身）

【原文】

上善①若水。水善利万物而不争,处众人之所恶,故几②于道。居善地,心善渊,与③善仁,言善信,政善治,事善能,动善时。夫唯不争,故无尤④。

【注释】

①上善：道德高尚的人。上，上等、崇高。
②几：差不多、接近。
③与：意思是给予，引申为交友。
④尤：罪过、过失。文中引申为灾难。

【译文】

高尚的道德像水一样。水善于施利于万物而又不同万物相争，甘心安居于众人都厌恶的低洼之地，所以说水的行为差不多符合"道"的原则。道德高尚的人处世像水那样安于卑下；心胸如水一样静默深远，善于保持沉静；待人交友如水一样润泽万物，像水那样友善；说话如水一样从容守信；从政如水一样有条理，善于理政治国；处事如水一样随物成形，善于发挥能力；行动如水一样洇溢随时，善于顺应天时。正因为其（道德高尚的人）与人无争，所以没有灾难。

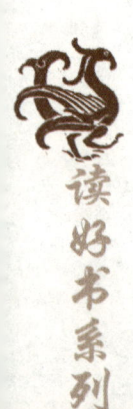

第九章（养生）

【原　文】

持①而盈之，不如其已②；揣③而锐之，不可长保。金玉满堂④，莫之能守⑤；富贵而骄，自遗其咎。功遂身退⑥，天之道⑦也。

【注释】

①持：握持、执持、端、拿。
②已：停止。
③揣：冶炼、锻造、磨炼。
④堂：屋、房。
⑤莫之能守：莫能守之。莫，没有人。之，代指金玉。
⑥功遂身退：功成名就后，不贪恋功名，隐藏锋芒，后退回避。
⑦天之道：自然的规律。

【译文】

积累达到满盈，不如停止不干。锤锻（金属）使它尖锐锋利，其锋刃不能长久保全，必遭挫败。金玉堆满堂室，没有谁能守藏得住；富贵而又傲慢，就给自己种下了灾祸。功业完成了，就急流勇退，这才是顺应自然规律的做法。

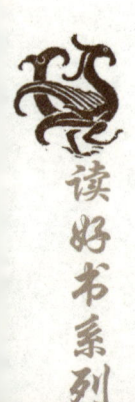

第十章（修身）

【原 文】

载营魄①抱一，能无离乎？专气致柔，能如婴儿乎？涤除玄鉴，能无疵乎？爱民治国，能无为乎？天门开阖，能为雌②乎？明白四达，能无知③乎？生之、畜之，生而不有，为而不恃，长而不宰，是谓玄德。

【注释】

①营魄：身体和灵魂。寄托之处叫"营"，古人认为肉体是灵魂的寄托之所，所以把肉体叫作"营"。
②雌：安静、柔顺。
③知：同"智"，智慧、聪明。

【译文】

使身体和灵魂结为一体，能够做到不相分离吗？呼吸吐纳、运气周身使心平气和，能够达到像婴儿一样的状态吗？清除尘垢以保持心灵的清明，能够做到不犯错误吗？爱护民众、治理国家，能够不用聪明才智，自然而为吗？人生存在万物运动变化之中，能够做到宁静柔弱吗？明白事理，通达四方，能够不依赖智慧吗？（圣人）帮助万物繁殖、生长，生养了万物却不据为己有，推动了万物发展而不自恃其功绩，成就了万物却不做它们的主宰者，这就是高尚的品德。

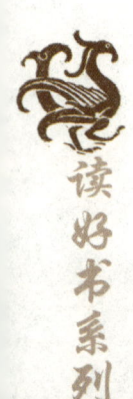

第十一章（论道）

【原　文】

三十辐（fú）①共一毂（gǔ）②，当其无，有车之用。埏（shān）③埴（zhí）④以为器，当其无，有器之用。凿户牖（yǒu）⑤以为室，当其无，有室之用。故有之以为利，无之以为用。

【注释】

①辐：车轮中连接轴心和轮圈的若干直木条，古代车轮的辐条，如同现代自行车的轮条。

②毂：车轮中心有圆孔可以插轴的部分。

③埏：揉、和。

④埴：黏土。

⑤凿户牖：凿，做洞、打孔。户，门。牖，窗。文中以"户牖"代替屋室的结构部件。

【译文】

三十根辐条环绕着一个车毂，正是因为有了车毂中间的洞孔，才使车子得以运转，并成就了车的作用；揉捏黏土制造器皿，正是因为有了器皿中间的空间，才有了器皿的作用；开凿门窗修建房屋，正是因为有了房屋中的空间，才有了房屋的作用。所以说，任何实体之所以有功用，是因为那些"无"在起作用。

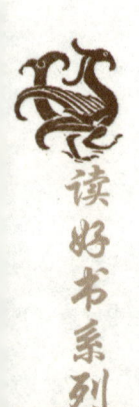

第十二章（养生）

【原　文】

　　五色①令人目盲；五音②令人耳聋；五味③令人口爽；驰骋畋(tián)猎④令人心发狂；难得之货，令人行妨。是以⑤圣人为腹不为目，故去彼取此。

【注释】

①五色：黄、青、赤、白、黑五种颜色。文中泛指各种美丽的色彩。

②五音：宫、商、角、徵（zhǐ）、羽，也叫五声。文中泛指美妙的音乐。

③五味：甜、酸、苦、辣、咸五种味道。文中泛指美食。

④畋猎：打猎。

⑤是以：因此。

【译文】

缤纷的色彩，使人眼花缭乱；纷繁的音乐，使人听觉不灵敏；丰美的食物，使人味觉迟钝；纵马打猎令人心思狂荡；珍贵的物品，使人盗窃掠夺。因此，圣人只求过一种清静简单的生活而不追逐声色之娱。所以抛弃物欲的诱惑，从而保守内心的宁静，保持心灵固有的纯真。

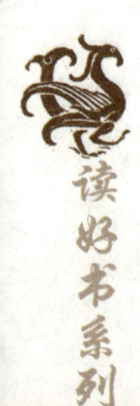

第十三章(修身)

【原　文】

宠辱若惊,贵大患若身。何谓宠辱若惊? 宠为下,得之若惊,失之若惊,是谓宠辱若惊。何谓贵大患若身? 吾所以有大患者,为吾有身①;及吾无身,吾有何患? 故贵以身为天下者,若可②寄天下;爱以身为天下者,若可托天下。

【注释】

①有身：看重自己的意思。
②若可：才可。若，乃、才。

【译文】

得宠和受辱都感到惊吓，这是把大灾难看得像生命一样重要。什么叫得宠和受辱都感到惊吓呢？争宠是卑下的，得到这些感到惊吓不安，失去这些也感到惊吓不安，这就叫得宠和受辱都感到惊吓。为什么会把这些（宠辱若惊）大灾难看得像生命一样重要呢？人们有这些大灾难的原因，是因为太看重自身了，如果人人都达到无私的境界，那么哪里还会有大灾难呢？所以，像重视自己身心那样来重视天下人的人，才可以把天下交给他；像爱护自己身心那样来爱护天下人的人，才可以把天下托付给他。

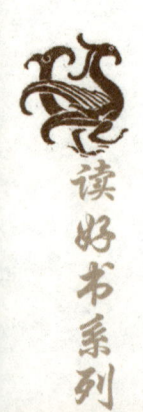

第十四章(论道)

【原文】

视之不见,名曰夷;听之不闻,名曰希;搏①之不得,名曰微。此三者,不可致诘,故混而为一。其上不皦(jiǎo)②,其下不昧,绳绳兮不可名,复归于无物。是谓无状之状,无物之象,是谓惚恍。迎之不见其首,随之不见其后。执古之道,以御今之有。能知古始,是谓道纪。

老子

【注释】

①搏：抚摸的意思。
②皦：清晰、明亮。

【译文】

视而不见，称它无形。听而不闻，称它无声。摸而不得，称作无迹。这三者的形象无法进一步追究考察，原本浑然一体。这个浑然一体的东西，它的上面不明亮，它的下面也不黑暗，因为它没有上面和下面。无论你怎么追寻也追寻不到，你想解释它也不可能，找来找去它还是个看之无形、听之无声、触之无物的东西。没有形状正是它的形状，没有物体正是它的形象，可以说是迷离惚恍的。这个东西，迎着它看不见它的头，跟随着它看不见它的尾。掌握了亘古已有的规律，就可以凭借它来驾驭现在的万物，就能够了解原始的法则。以上所讲的就是关于"道"的规律。

第十五章（修身）

【原　文】

古之善为道者，微妙玄通，深不可识。夫唯不可识，故强为之容；豫兮若冬涉川；犹兮若畏四邻；俨①兮其若客；涣兮若冰之将释；敦兮其若朴②；旷兮其若谷；混兮其若浊；孰能浊以止，静之徐清？孰能安以久，动之徐生？保此道者，不欲盈。夫唯不盈，故能蔽③而新成。

【注释】

①俨：庄严、恭敬。
②朴：未加工的木材。
③蔽：破败、陈旧。

【译文】

古时候懂得"道"的人，深邃、细致且通达，深刻到难以认识的地步。正因为难以认识，所以只好勉强地形容他：小心谨慎得像冬天在冰上过河；警惕疑惧得像提防四邻的攻击；恭敬严肃得像是做客；流逸潇洒得像是冰雪融化；敦厚淳朴得像是未经过雕琢的木头；旷远豁达得像虚静的山谷；浑厚宽容易就像那浑浊的江河。谁能够在浑浊中安静下来，慢慢地澄清？谁又能够永远保持这种安定清静的状态呢？持有此"道"的人从来不会自满自溢。正因为不会自满自溢，才能不断图旧为新，长久长新。

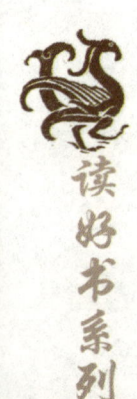

第十六章（修身）

【原　文】

致虚极，守静笃。万物并作，吾以观复。夫物芸芸，各复归其根。归根曰静①，静曰复命。复命曰常②，知常曰明。不知常，妄作凶。知常容，容乃公，公乃全，全乃天，天乃道，道乃久，殁身不殆。

【注释】

①静：文中指死亡。
②常：事物运动变化中不变的规律。

【译文】

使心灵达到一种虚寂状态，牢牢地保持这种宁静。万物都在蓬勃生长，我由此观察到了循环往复的规律。万物纷芸百态，但最终都将回到它们的出发点。（万物）回到出发点就是死亡，死亡之后会重新获得生命。这个过程是永远不变的，懂得这个永远不变的道理才算是明智。不懂得这个永远不变的道理，轻举妄动，就会遇到凶险。懂得这一不变的道理就能包容一切，能包容一切就能正确对待一切，能够正确对待一切就能懂得治国的原则，懂得了治国的原则，就能了解自然规律，了解了自然规律，就能掌握普遍规律，掌握了普遍规律就能长久生存，终身不会遭受危险。

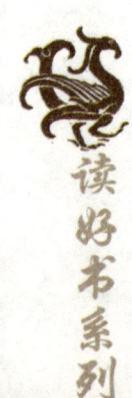

第十七章（治国）

【原文】

太上①，不知有之；其次，亲而誉之；其次，畏之；其次，侮之。信不足焉，有不信焉。悠兮，其贵言。功成事遂②，百姓皆谓："我自然。"

【注释】

①太上：文中指最好的统治者。
②遂：成功、完成。

【译文】

最好的统治者，百姓根本意识不到他的存在；其次，百姓亲近并赞扬统治者；再次一等的，百姓害怕统治者；更次一等的，百姓看不起统治者。统治者的诚信不足，百姓才对他不信任。（最好的统治者）清静无为，很少发号施令。天下治理得井然有序，而百姓都感叹："我们本来就是这样。"

第十八章（砭时）

【原文】

大道①废,有仁义②;智慧出,有大伪;六亲③不和,有孝慈④;国家昏乱,有忠臣。

【注释】

①大道:老子理想社会的最高原则。
②义:合宜的道德、道理或行为。
③六亲:父子、兄弟、夫妻。
④孝慈:子女爱父母叫孝,父母爱子女叫慈。

【译文】

社会的公正被废弃了,才显出"仁义"的存在;出现了非凡的智慧,就有了严重的虚伪;父子、兄弟、夫妻之间不和,才需要讲孝慈;国家陷于混乱,才显出忠臣的所在。

第十九章（治国）

【原　文】

绝圣弃智①，民利百倍；绝仁弃义，民复孝慈；绝巧②弃利③，盗贼无有。此三者，以为文不足。故令有所属。见④素抱⑤朴，少私寡欲，绝学⑥无忧。

【注释】

①圣、智：都是聪明的意思。圣，圣贤。智，智慧。
②巧：虚伪。
③利：功利。
④见：同"现"，是显现、显示的意思。
⑤抱：怀抱，指内心坚持。
⑥绝学：弃绝圣智之学。

【译文】

弃绝圣贤抛开智慧，百姓就会获得百倍的利益；去掉仁义的说教，百姓就会恢复孝顺与慈爱；不要虚伪和功利，盗贼就不会产生。然而仅仅用这三条作为戒律还不够，还要让人心有所归属。这就是保持淳朴的心态，去掉私心、减少欲望，抛弃所谓圣智礼法的学问，达到没有忧虑的境地。

第二十章（修身）

【原　文】

　　唯之与阿，相去几何？善之与恶，相去若何？人之所畏，不可不畏。荒兮其未央哉！众人熙熙①，如享太牢，如春登台；我独泊兮其未兆。如婴儿之未孩；儡儡(lěi lěi)兮若无所归。众人皆有余，而我独若遗，我愚人之心也哉！沌沌(dùn dùn)兮。俗人昭昭②，我独昏昏；俗人察察，我独闷闷。

澹兮其若海,飂兮若无止。众人皆有以,而我独顽似鄙。我独异于人,而贵食母。

【注 释】

①熙熙:形容兴高采烈的样子。
②昭昭:清楚、精明。

【译 文】

赞成与反对,相差有多远?善与恶,相差又有多远?人们普遍所害怕的,就不能不怕。(这些道理)真是广阔得没有边际呀!众人是那样的快乐,就像参加盛大宴会,又像春日登高赏景一样;而只有我淡泊处之,无动于衷。好像是一个还不会笑的婴儿;我是如此狼狈不堪,好像无家可归。众人都过着富裕的生活,只有我像被遗弃了一样,因为我有一颗愚人的心!在茫茫世事中。众人是那样的明白,只有我是这样昏聩;众人是那样的清楚,只有我是这样糊涂。我的心沉静恬淡啊,像深深的大海;我的行为飘逸无尽啊,像疾吹的长风。众人有所作为,唯独我愚笨鄙陋。我偏偏要与众人不一样,重视用"道"来滋养自己。

第二十一章（论道）

【原文】

孔德之容①，惟道是从。道之为物，惟恍惟惚。惚兮恍兮，其中有象；恍兮惚兮，其中有物。窈②兮冥兮，其中有精；其精甚真，其中有信。自古及今，其名不去，以阅③众甫④。吾何以知众甫之状哉？以此。

【注释】

①孔德之容：孔，大的意思；容，指状貌、动作。
②窈：深远、难以认识的意思。
③阅：认识、检查的意思。
④众甫：万物的本原。

【译文】

　　大德之人的行为，是以"道"为准绳的。"道"作为一种存在物，是恍恍惚惚、似有似无的。它是那样的恍惚迷离啊，其中却有形象；它是那样的迷离恍惚啊，其中却有实物。它是那样的深邃且难以认识，但它却有着自己的本质特点，它的特点是非常真实，并且非常可靠。从古到今，"道"的本质没变，它的存在目的是让人们看到万物的本原。我是怎么知道万物的本原的呢？就是在这里知道的。

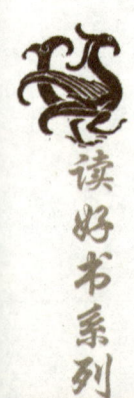

第二十二章（修身）

【原　文】

"曲则全，枉则直，洼则盈，敝则新，少则得，多则惑。"是以圣人抱一为天下式①。不自见②，故明；不自是，故彰；不自伐③，故有功；不自矜④，故长。夫唯不争，故天下莫能与之争。古之所谓"曲则全"者，岂虚言哉？诚全而归之。

老子

【注释】

①式：楷模。
②见：同"现"，表现的意思。
③伐：夸赞、夸耀自己的功劳。
④矜：自高自大、骄傲的意思。

【译文】

"勉强迁就反而能保全，弯曲反而能伸直，低洼反而能积满，破旧反而能生新，少取反而能多得，贪多反而会迷惑。"所以圣人坚守"道"的原则，从而成为天下的楷模。（他们）不自我表现，所以才名扬天下；不自以为是，所以才名声彰显；不自我夸耀，所以才有功劳；不自高自大，所以才能长久。正因为他们不与人争，所以天下没有人能够同他们争。古人所说的"曲则全"这些话，难道是些空话吗？其实在危难中能保全自己的人，全凭懂这个道理。

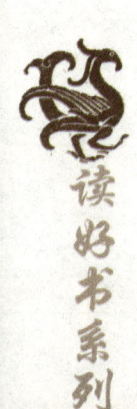

第二十三章（治国）

【原文】

希言①自然。故飘风不终朝,骤雨不终日。孰为此者?天地。天地尚不能久,而况于人乎?故从事②于道者,同于道;德者,同于德;失者,同于失。同于道者,道亦乐得之;同于德者,德亦乐得之;同于失者,失亦乐得之。信不足焉,有

不信焉。

【注释】

①希言：字面意思是很少讲话，引申为清静无为，不发号施令。

②从事：寻求。

【译文】

清静无为才合乎自然法则。所以说狂风刮不了一个早上，暴雨也下不了一整天。是谁掌管狂风暴雨呢？是天地。天地尚且不能使风雨长久，何况人呢？所以说寻求"道"的人，其言行就会符合"道"的规律；修养品德的人就会有美德；坚持错误的人就会永远犯错误。愿意同"道"在一起的人，"道"也乐于同他在一起；愿意同美德在一起的人，美德也乐于同他在一起；愿意同错误在一起的人，错误也乐于同他在一起。（统治者的）诚信不足，（百姓）自然也不会信服于他。

第二十四章（修身）

【原文】

企^①者不立,跨^②者不行。自见者不明;自是者不彰;自伐者无功;自矜者不长。其在道也,曰余食赘形^③,物或恶之。故有道者不处^④。

【注释】

①企：抬起脚后跟、踮起脚。

②跨：越、跃的意思。

③余食赘形：多余的饮食和身上的赘疣。赘，意为多余的，无用的。

④不处：不这样做。

【译文】

抬起脚跟想站得高一些反而站不稳，迈着大步想走得快一些反而走不远。老盯着自己的人看不清别的事物，老自我显示的人反而名声不好；爱自夸的人反而使自己的功劳消失；沾沾自喜的人反而不能长久。用"道"来衡量这些行为，可以说都是多余无用的，大家都厌恶这些行为。所以懂"道"的人是不会这样做的。

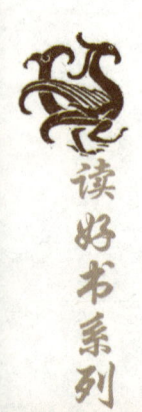

第二十五章(论道)

【原　文】

有物混成,先天地生。寂兮寥兮,独立而不改,周行而不殆,可以为天地母。吾不知其名,强字之曰道,强为之名曰大。大曰逝,逝曰远,远曰反①。故道大,天大,地大,人亦大。域中有四大,而人居其一焉。人法地,地法天,天法道,道法自然。

【注释】

①反：同"返"，指"道"循环运行后返回原点。

【译文】

有个东西浑然而成，在天地产生以前就存在了。它无声又无形，独立长存而永不衰竭，循环运行而生生不息，它可以算作天下万物的根源。我不知道它的名字，勉强叫它为"道"，再勉强给它取个名字叫"大"。"大"会运动发展，发展下去就会走向极盛，走向极盛后返回原点。所以说，"道"有"道"的规律，天有天的规律，地有地的规律，治国有治国的规律。天地间有四种主要规律，而治国的规律只占其中之一。治国的规律要效法地的规律，地的规律要效法天的规律，天的规律要效法普遍规律，普遍规律要效法自然的规律。

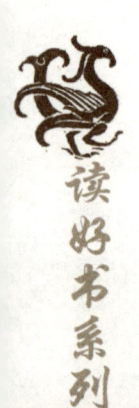

第二十六章（修身）

【原文】

重为轻根，静为躁君。是以君子终日行不离辎(zī)重①。虽有荣观②，燕处③超然④，奈何万乘之主⑤，而以身轻天下？轻则失根，躁则失君。

【注释】

①辎重：军队运载粮食、器械的车。
②荣观：贵族享乐游玩的地方，文中代指华丽的生活。
③燕处：安闲而居。燕，燕子。处，居。
④超然：不为外物所动的样子。
⑤万乘之主：一辆兵车叫做一乘，具有一万辆兵车的国家，在当时是实力强大的国家，故"万乘之主"就是指大国的君主。

【译文】

重是轻的基础，静是动的根本。所以君子每天不管走到哪里都不忘带着装运粮食物品的车辆。虽然享有奢华的生活，也能安闲而居，超然处之，不为所动。为什么有的大国君主，却因为个人享乐而不重视国家呢？不重视国家就会丧失基础，轻举妄动就会丧失根本。

第二十七章（治国）

【原 文】

善行，无辙迹；善言，无瑕谪（zhé）；善数，不用筹策①；善闭，无关楗（jiàn）②而不可开；善结，无绳约而不可解。是以圣人常善救人，故无弃人；常善救物，故无弃物。是谓袭明。故善人者，不善人之师；不善人者，善人之资。不贵其师，不爱其资，虽智大迷。是谓要妙。

善于行走的，路上不留车痕。

【注　释】

①筹策：古代计算时所使用的一种工具，用竹子制成，相当于今天的珠算。

②关楗：关闭门户用的器具，相当于今天的门闩。

【译　文】

善于行走的，路上不留车迹；善于言谈的，没有错话；善于计算的，不用筹策；善于闭守的，不用栓销却使人不能打开；善于捆缚的，不用绳索却使人牢不可解。因此圣人总是善于做到人尽其才，所以没有被遗弃的人；总是善于做到物尽其用，所以没有被遗弃的东西。这些做法可以说是因循常道的明智之举。所以说，善人是不善的人的老师；不善的人是善人的镜子。如果不爱老师，又不把可供借鉴的镜子当回事，再有智慧也是身在迷中不知迷。这是精深微妙的道理所在，必须牢记。

第二十八章(修身)

【原　文】

知其雄,守其雌,为天下谿(xī)①。为天下谿,常德不离,复归于婴儿。知其白,守其黑,为天下式。为天下式,常德不忒(tè)②,复归于无极。知其荣,守其辱,为天下谷。为天下谷,常德乃足,复归于朴。朴散则为器,圣人用之,则为官长,故大制不割。

甘做天下的溪涧。

老子

【注　释】

①豀：河沟，文中象征谦卑。
②忒：差错。

【译　文】

　　知道什么是刚强，却安于柔弱的地位，甘做天下的溪涧。甘做天下的溪涧，高尚的品德就永远不会丧失，就能恢复到无知无欲的婴儿状态。知道什么是显赫，却安于低下的地位，做天下的榜样。做天下的榜样，品德就永远不会出差错，就能具有无穷的力量。知道什么是荣耀，却安守于屈辱，甘做天下的川谷。甘做天下的川谷，高尚品德就会永远保持充足，就能够同"道"保持一致。普遍规律会演变为万物各自的本性，圣人就顺应着万物各自的本性去进行管理，所以说最完美的治理是不伤害万物本性的。

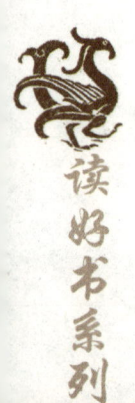

第二十九章（治国）

【原　文】

将欲取天下而为之，吾见其不得已。天下神器，不可为也，不可执也。为者败之，执者失之。是以圣人无为，故无败；无执，故无失。夫物或行或随；或嘘（xū）或吹；或强或羸（léi）①；或载或隳（huī）②。是以圣人去甚，去奢，去泰③。

【注释】

①羸:瘦弱、衰弱。
②隳:损毁、损坏。
③泰:同"太",过分、过度的意思。

【译文】

(如果有人)想要夺取天下并取得成功,我将会看到他达不到目的。"天下"这个神圣的东西,不可以有所作为,也不可以用强力来掌握。如果想有所作为,就会搞乱;如果用强力来掌握,就会失去。由于圣人不妄为,所以不会失败;不强力掌握,所以不会失去。所以事情往往如此:本意也许是想走在前面,结果可能反而落后了;本意也许是想轻吹,结果可能是急吹;本意也许是想强壮,结果可能反而衰弱了;本意也许是想承载一点儿,结果可能是全部毁坏了。因此圣人要去掉极端的、奢侈的、过分的主观想法。

第三十章（议兵）

【原文】

以道佐人主者，不以兵强天下。其事好还。师①之所处，荆棘生焉。大军②之后，必有凶年。善者果而已，不敢以取强。果而勿矜，果而勿伐，果而勿骄。果而不得已，果而勿强。物壮则老，是谓不道③，不道早已。

【注释】

①师：文中指军队。
②大军：文中指大战。
③不道：不符合"道"，不符合规律。

【译文】

用"道"去帮助君主的人，是不靠武力逞强于天下的。用兵的事很快就会得到报应。军队驻扎过的地方，荆棘丛生。大战之后，必有荒年。善于用兵打仗的人，只求达到救济危难的目的就是了，不能用武力来逞强于天下。胜利了不自高自大，胜利了不自我夸耀，胜利了不自以为是，胜利了要认为这是出于不得已，胜利而不逞强。（无论国家还是个人）凡是气势强盛之后就会趋于衰老，（因此逞强气盛）是不符合于"道"的。不符合于"道"，必然很快就会灭亡。

第三十一章（议兵）

【原　文】

夫兵者，不祥之器，物或恶之，故有道者不处。君子居则贵左，用兵则贵右。兵者不祥之器，非君子之器，不得已而用之，恬淡为上。胜而不美，而美之者，是乐杀人。夫乐杀人者，则不可得志于天下矣。吉事尚左，凶事尚右。偏将

军①居左，上将军②居右，言以丧礼处之。杀人之众，以悲哀泣之，战胜以丧礼处之。

【注释】

①偏将军：副将。
②上将军：主将。

【译文】

兵器是不吉利的东西，大家都厌恶它，所以懂得"道"的人不使用它。君子平时以左边为尊贵，打仗时以右边为尊贵。兵器是不吉利的东西，不是君子应该使用的东西。万不得已而使用它，最好是淡然处之。胜利了也不要得意扬扬、自以为了不起，如果得意扬扬、自以为了不起，就是以杀人为快乐。以杀人为快乐的人，不可能得志于天下。吉庆事以左边为上，凶丧事以右边为上。（打仗时）副将居于左边，主将居于右边，这是说要用办理丧事的礼节去处理战争的事。战争杀人众多，要带着哀痛的心情参加战争，战胜了也要用办理凶丧事的礼节去处理它。

第三十二章(论道)

【原　文】

道常无名,朴。虽小,天下莫能臣。侯王若能守之,万物将自宾。天地相合,以降甘露,民莫之令而自均。始制①有名②,名亦既有,夫亦将知止③,知止可以不殆④。譬道之在天下,犹川谷之于江海。

【注释】

①制：制作，文中泛指人类活动。
②有名：有名称的东西，泛指各种器物。
③止：限度、止境。
④不殆：没有危险。殆，危险。

【译文】

"道"永远是无名的，处于质朴的状态。它虽然隐微，天下没有谁能够令它臣服。王侯如果能遵循它，万物将会自动地服从。天地间阴阳之气相合，就降下甘露，没有谁命令它均匀，它却能自然均匀。人类开始活动，也就出现了各种器物。器物出现以后，应该懂得适可而止。懂得适可而止就能避免危险。打个比方，普遍规律与天下（万物的特殊规律）的关系，就好比大江大海能容纳百川一样。

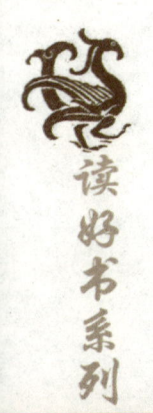

第三十三章(修身)

【原　文】

知人者智,自知者明。胜人者有力,自胜者强。知足者富,强行①者有志。不失②其所者久,死而不亡者寿。

【注　释】

①强行:努力不懈的意思。
②失:丧失,引申为违背。

【译　文】

能够认识别人的人是聪明的,能够认识自己的人是明智的。能够战胜别人的人是有力量的,能够克制自己的人是刚强的。知道满足的人是富有的,努力不懈的人是有志气的。不违反规律的人才能长久,身死而精神永存的人是真正的长寿。

第三十四章(论道)

【原　文】

大道氾（fàn）①兮，其可左右②。万物恃③之以生而不辞，功成而不有。衣养④万物而不为主。常无欲，可名于小；万物归焉而不为主，可名为大。以其终不自为大，故能成其大。

【注释】

①汜：大水漫流、泛滥，文中形容"道"广泛普遍，无所不到。

②左右：文中泛指各处。

③恃：依赖。

④衣养：养育。

【译文】

"道"的作用是那样的广大，像河水一样广泛流溢、无所不到。万物依靠它才能生存，而它对万物却从不干涉，大功告成却不自以为有功，（它）养育了万物却不做主宰者。总是没有自己的私欲，可以把"道"看作是卑小的；因为万物归附于它，而它却不做主宰者，也可以把它看作是伟大的。因为它始终不追求伟大，所以才成为伟大者。

第三十五章（论道）

【原文】

执大象①，天下②往。往③而不害，安平泰④。乐与饵⑤，过客止。道之出口，淡乎其无味，视之不足见，听之不足闻，用之不足既⑥。

【注释】

①执大象：象，即"道"。道是无物之象，它产生天地，无处不在，是宇宙中最大的。执大象，即执守大道。

②天下：文中指天下的人们。

③往：归附、投靠。

④安平泰：三字同义，都是太平安乐的意思。

⑤乐与饵：音乐与美食。文中泛指各种生活享受。

⑥既：尽、用完。

【译文】

谁掌握了"道"，天下的人就会向他投靠。投靠他不会有害处，都能过上太平安乐的生活。然而各种生活享受，往往使人半途而废。"道"这个东西，说起来平淡无味，看起来不艳丽，听起来不动人，可是用起来却受益无穷。

第三十六章（治国）

【原　文】

将欲歙(xī)①之，必固②张之；将欲弱③之，必固强之；将欲废④之，必固兴之；将欲取之，必固与之。是谓微明⑤。柔弱胜刚强。鱼不可脱于渊，国之利器⑥不可以示人⑦。

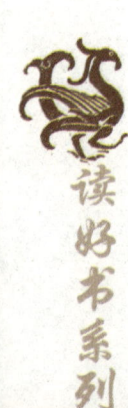

【注释】

①歙：收缩、收敛的意思。
②固：同"姑"，是姑且、暂时的意思。
③弱：削弱。
④废：废除、废弃、废毁的意思。
⑤微明：看不见的聪明，即深沉的聪明。
⑥利器：优良的武器，文中指好的、有效的治国策略。
⑦示人：让人看。

【译文】

将要收缩它，必须暂时张开它；将要削弱它，必须暂时加强它；将要废除它，必须暂时振兴它；将要夺取它，必须暂时给予它。这叫作深沉的预见。柔弱胜过刚强。鱼不能离开深渊，齐家治国的策略、制度不能随便让别人知道。

第三十七章（治国）

【原　文】

道常无为①而无不为。侯王若能守之，万物将自化②。化而欲作③，吾将镇④之以无名之朴⑤。镇之以无名之朴，夫将不欲。不欲以静，天下将自正⑥。

【注释】

①无为：不妄为、顺其自然。
②自化：自我化育，意为自生自长。
③作：出现、萌发的意思。
④镇：镇服、压制、使安定。
⑤朴：形容"道"的真朴。
⑥自正：自然正常、安定。

【译文】

"道"经常是没有什么作为的，但是没有一件事不是它所为。王侯如果能遵循着它，万物就会自生自长。（人们）在自生自长时如有欲望产生，我将用无声无形的"道"的真朴来镇住他们。用"道"的真朴来镇住他们，欲望就兴不起来。拒绝了欲望就可以得到宁静，天下自然会太平安定。

老子

下篇 德经

第三十八章（砭时）

【原文】

上德不德，是以有德；下德不失德，是以无德。上德无为而无以为；下德无为而有以为。上仁为之而无以为；上义为之而有以为。上礼为之而莫之应，则攘臂而扔之。故失道而后德，失德而后仁，失仁而后义，失义而后礼。夫礼者，忠信之薄，而乱之首。前识者，道之华，而愚之始。是以大丈夫处其厚，不居其薄；处其实，不居其华。故去彼取此。

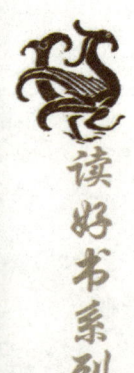

【译文】

道德高尚的人，并不把道德挂在嘴边上，因为他内心自有；道德低下的人，时时需要道德来规范，因为他心中没有。有大德的人清静无为，因为他没有自己的目的；道德不够的

人追求道德,是为了某种目的。最仁爱的人有所作为,但是不想为了什么去作为;最正义的人有所作为,而且是想为了什么去作为。最有礼节的人有所作为,可是人家都不理睬他,他就扬起胳膊,指引人们遵守礼节。所以说失去了道之后才有德,失去了德而后才有仁,失去了仁而后才有义,失去了义之后才有礼。礼是忠信不足的标志,是祸乱的开始。所谓的先见之明,对道来说属于华而不实的东西,是愚昧的开始。因此大丈夫要笃守忠信,排除薄华的礼仪;要遵循规律,不要事先随意揣度。所以要舍弃薄华的礼,采取厚实的道。

第三十九章（治国）

【原　文】

昔之得一者：天得一以清；地得一以宁；神得一以灵；谷得一以盈；万物得一以生；侯王得一以为天下正。其致之也，谓天无以清，将恐裂；地无以宁，将恐废；神无以灵，将恐歇；谷无以盈，将恐竭；万物无以生，将恐灭；侯王无以正，将恐蹶。故贵以贱为本，高以下为基。是以侯王自谓孤、寡、不穀(gǔ)。此非以贱为本邪？非乎？故至誉无誉。是故不欲琭琭(lù lù)如玉，珞珞(luò luò)如石。

【译　文】

从来凡事能够（同规律）保持一致的：天能够保持一致，因而清明；地能够保持一致，因而安宁；神能够保持一致，因而有灵；河谷能够保持一致，因而充盈；万物能够保持一致，因而滋生；侯王能够保持一致，因而成为天下的首领。推而言之，也就是说，天如果不能保持清明，恐怕就要崩裂；地如果不能保持安宁，恐怕就要塌陷；神如果不能保持灵妙，恐怕就要消失；河谷如果不能保持充盈，恐怕就要涸竭；万物如果不能保持生长，恐怕就要灭绝；侯王如果不能保持首领的地位，恐怕就会亡国。所以说，贵是以贱为根本的，上是以下为基础的，因此最高的当政者自称孤家、寡人、不穀。这不正是以贱为本吗？难道不是这样吗？所以最高的赞誉是无须夸耀的。因此，不要追求做美玉，而宁肯当一块坚硬的石头。

第四十章（论道）

【原 文】

反①者道之动②；弱③者道之用④。天下万物生于有⑤，有生于无。

【注 释】

①反：同"返"，还原、返回。
②道之动："道"的运动（规律）。
③弱：柔弱。
④用：运用、作用。
⑤有：存在的物质。

【译 文】

"道"的运动是相辅相成、循环往复的；柔弱是"道"的所运用的武器。天下万物生于具体的事物，而具体的事物却是生于无形的"道"。

第四十一章（论道）

【原 文】

上士闻道，勤而行之；中士闻道，若存若亡；下士闻道，大笑之。不笑不足以为道。故建言有之：明道若昧，进道若退，夷道若纇(lèi)①。上德若谷，大白若辱，广德若不足，建德若偷，质真若渝；大方无隅，大器晚成，大音希声②，大象无形，道隐无名。夫唯道，善贷且成。

读好书系列

【注释】

①颣：不平、崎岖。
②希声：无声。

【译文】

　　智慧最高的人听到了道，就努力按照它去办事；智慧一般的人听到了道，将信将疑；智慧低下的人听了道，就大加嘲笑。不被智慧低下的人嘲笑，道也就不足以成为道了。所以前人曾有这样的说法：明显的道，好像很暗昧；前进的道，好似后退；平坦的道，好像崎岖。崇高的德，好似低下的山谷；最洁白的好像乌黑；广大的德，好像不足；刚健的德，好像怠惰的样子；充实的德，好像空虚一样。最方正的东西反而没有棱角；最重的器物总是最后才完成，最大的声音反而无声；最大的形象反而看不见形体，道无形无声，不可名状。可是只有道，才能帮助万物并成就万物。

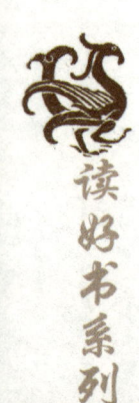

第四十二章（论道）

【原 文】

道生一①，一生二，二生三，三生万物。万物负阴而抱阳，冲气以为和。人之所恶，唯孤、寡、不穀，而王公以为称。故物或损之而益，或益之而损。人之所教，我亦教之。强梁者②不得其死，吾将以为教父③。

【注释】

①一：某一种事物。
②强梁者：强横的人。
③教父：教导人的大纲。

【译文】

道使某一种事物得以产生，这种事物又产生第二种事物，第二种事物再产生第三种事物……这样产生了万物。万物都包含着阴阳两个对立面，他们互相激荡而得以调和。人们所讨厌的字眼就是"孤""寡""不穀"，而王侯却用它们称呼自己。所以世上的事物有时表面看来是受损，其实是获益；有时表面看来是获益，其实是受损。别人用来教导我的，我也用它去教导别人。强横的人不得好死，我将把这条原则当作教导人的大纲。

第四十三章(治国)

【原文】

天下之至柔,驰骋①天下之至坚。无有入无间,吾是以知无为之有益。不言之教,无为之益,天下希②及之。

【注释】

①驰骋:奔驰、穿行自如。
②希:同"稀",稀少、罕见。

【译文】

天下最柔软的东西,能在最坚硬的东西中穿行。无形的力量能穿透没有间隙的东西,我从这里认识到清静无为的好处。没有言辞的教育,清静无为的好处,天下人很少能够做到。

第四十四章（养生）

【原　文】

名与身①孰亲？身与货②孰多？得与亡孰病③？甚④爱⑤必大费；多藏必厚亡。故知足不辱，知止不殆⑥，可以长久。

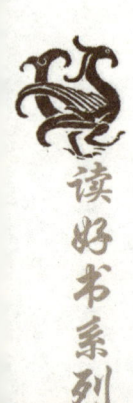

【注释】

①身：身体，文中指生命。
②货：财货、财产。
③病：有害。
④甚：太、过分。
⑤爱：吝惜、舍不得。
⑥殆：危险。

【译文】

名声和生命哪个更可亲？生命和财富哪个更重要？获得名利与失去生命哪一个更有害？过分的吝惜反而会招致更大的破费；过多的收藏反而会招致更严重的损失。所以，知道满足，就不会遭受屈辱；知道适可而止，就不会遇到险情，这样才可以长久地存在下去。

老子

读好书系列

第四十五章(修身)

【原　文】

大成若缺,其用不弊①。大盈若冲②,其用不穷③。大直若屈,大巧若拙,大辩若讷(nè)④。躁胜寒,静胜热。清静为天下正⑤。

【注释】

①弊：停止、衰竭的意思。
②冲：空虚的意思。
③穷：穷竭、穷尽。
④讷：说话笨拙、迟钝，口才不好。
⑤正：同"政"，政治、政事。文中是首领、君长的意思。

【译文】

最美好的东西好像有残缺，但是用起来不会损坏。最充实的东西好像空虚，但是它的作用不会穷尽。最正直的东西好像弯曲，最灵巧的东西好像笨拙，最雄辩的人才好像不善言辞。运动战胜寒冷，安静战胜炎热。清静无为便可以成为统治天下的君长。

第四十六章（养生）

【原文】

天下有道①,却走马以粪②。天下无道,戎马③生于郊④。祸莫大于不知足;咎⑤莫大于欲得⑥。故知足之足,常足矣。

【注释】

①天下有道:天下太平。

②粪:文中泛指种地。

③戎马:战马。

④郊:郊野,文中指战场。

⑤咎:灾难、灾祸。

⑥欲得:贪得无厌。

【译文】

天下政治正常合理（没有战争）,战马就会退还给老百姓去耕田种地。天下政治秩序混乱、不合理（战争频繁）,连怀胎的母马也被用来作战,以致在战场上产仔。最大的灾祸是不知满足,最大的危险是贪得无厌。所以知道"满足"的这种满足,才能永远感到满足。

第四十七章（修身）

【原　文】

不出户①，知天下；不窥②牖(yǒu)③，见天道④。其出弥⑤远，其知弥少。是以圣人不行⑥而知，不见而明，不为而成⑦。

【注释】

①户：门。

②窥：从小孔隙里看。

③牖：窗户。

④天道：自然万物发展变化的规律。

⑤弥：越、更加。

⑥行：出门走动、出行，也指实践、行动。

⑦成：成就、成功。

【译文】

不出家门，就能够知道天下的事情；不望窗外，就能够认识自然的规律。出门越远，知道的情况却越少。所以，圣人不必实践就能了解，不必亲自去看就能明白，不必亲自去做就能成功。

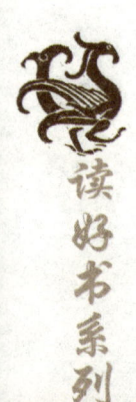

第四十八章（治国）

【原 文】

为学①日益,为道日损②。损之又损,以至于无为。无为而无不为。取③天下常以无事,及④其有事⑤,不足⑥以取天下。

【注　释】

①学：仁义礼智等学问。
②日损：欲望一天比一天减少。
③取：治理、掌握。
④及：如果。
⑤有事：政治措施繁多严苛。
⑥不足：不能。

【译　文】

研究世俗学问，伪诈奸邪一天比一天增多。研究"道"，私欲私爱一天比一天减少。减少再减少，最后达到"清静无为"的状态。"清静无为"反而能够做成一切事情。治理天下要依靠清静无为，如果政治措施繁多严苛，就不能够治理好天下。

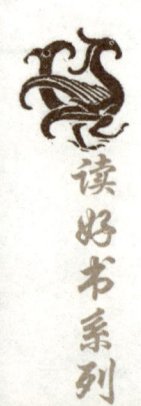

第四十九章（治国）

【原　文】

圣人无常心①，以百姓心为心。善者吾善之，不善者吾亦善之，德善。信者吾信之，不信者吾亦信之，德信。圣人在②天下，歙歙(xī xī)③焉，为天下，浑其心。百姓皆注其耳目，圣人皆孩之。

【注释】

①心：主观偏见。
②在：在位、治理。
③歙歙：歙，收敛、谨慎的意思。歙歙，指统治者收敛自己的意志。

【译文】

圣人没有偏见，没有私心，（他）以老百姓的意志作为自己的意志。善良的人，我善待他们；不善良的人，我也善待他们，这样整个时代的品德就归于善良了。诚实的人，我相信他；不诚实的人，我也相信他，于是整个时代的品德就归于诚实了。圣人治理天下，收敛自己的意志，要使天下人的思想都变得淳朴。百姓都喜欢多闻博见，而圣人要使他们都变得像无知无欲的婴儿一样。

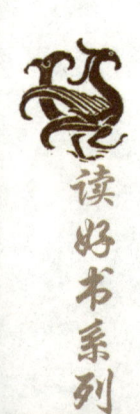

第五十章（养生）

【原 文】

出生入死。生之徒，十有三；死之徒，十有三；人之生，动之于死地，亦十有三。夫何故？以其生生之厚。盖闻善摄生①者，陆行不遇兕(sì)②虎，入军不被③甲兵④；兕无所投其角，虎无所用其爪，兵无所容其刃。夫何故？以其无死地。

老子

读好书系列

【注 释】

①摄生:摄,调摄、养护。摄生,即养生。
②兕:古代犀牛一类的独角兽。
③被:遭受、触及。
④甲兵:战衣和兵器。文中泛指兵器。

【译 文】

人出现于世上就是生,入于坟墓就是死。长寿的人,占十分之三;短命的人,占十分之三;人本来可以活得长久,自己走向死路的,也占了十分之三。这是什么原因呢?因为保养得太过度了。听说那些善于养生的人,在陆地行走不会遇到野兽,在战争中不会受到兵器的伤害;犀牛没有地方撞击它的角,老虎没有地方使用它的爪,兵器没有地方施展它的刃。这是为什么呢?因为他没有进入死亡之地。

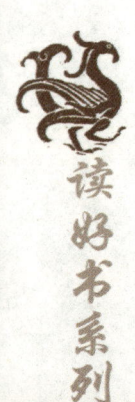

第五十一章(论道)

【原 文】

道生之,德畜之,物形之,势①成之。是以万物莫不尊道而贵德。道之尊,德之贵,夫莫之命而常自然。故道生之,德畜之;长之育之,亭之毒之养之覆②之。生而不有,为而不恃③,长而不宰,是谓玄德。

【注释】

①势：万物生长的环境。
②覆：覆盖，引申为保护。
③恃：依赖。

【译文】

"道"使万物得以产生，"德"使万物得以畜养，物质使万物得以成形，环境使万物得以成熟。因此，万物都尊崇"道"并重视"德"。"道"受尊崇，"德"被重视，在于它们对万物不加干涉，从来都让万物顺应自然。所以，道使万物得以生长，德使万物得以畜养，（道、德）使万物生长发育，使万物结果成熟，给万物抚育保护。生养了万物而不占有，抚育万物而不自恃，成就了万物而不做它们的主宰者，这就是最高尚的品德。

第五十二章(修身)

【原　文】

天下有始,以为天下母。既得其母,以知其子;既知其子,复守其母,没身不殆。塞其兑,闭其门,终身不勤①。开其兑,济其事,终身不救。见小曰明,守柔曰强。用其光②,复归其明,无遗③身殃;是谓袭常。

【注 释】

①勤:愁苦。
②光:泛指长处、优点。
③遗:招致。

【译 文】

天下万物都有一个源始,可以把这个源始看作万物的根本。已经掌握了这一根本,就可以凭借此来认识万物的特性。已经认识了万物的特性,回头再坚守这一根本,那么终身不会有危险。闭目塞听,无识无欲,终身没有痛苦。博见多欲,以求成功,终身不可救要。能观察到细微的事情,才叫作"明";能保持柔弱,才叫作"强"。运用智慧的光,返照内在的"明",不给自己带来灾祸,这就叫作因袭自然规律。

第五十三章（砭时）

【原　文】

使我介然①有知，行于大道②，唯施是畏。大道甚夷，而人好径。朝甚除③，田甚芜，仓甚虚；服文采④，带利剑，厌⑤饮食，财货有余，是为盗夸。非道也哉！

老子

【注释】

①介然：很少的样子。介，同"芥"，细小、微小。
②大道：大路。文中比喻遵循规律办事就是走光明大道。
③除：治理、修整。
④服文采：穿华丽的衣服。
⑤厌：吃饱喝足。

【译文】

假使我多少有点知识的话，就要沿着大道行走，唯一害怕的是走入邪路。大道很平坦，但是有些人却偏偏喜欢走邪路。宫殿十分整洁，而农田却很荒芜，仓库也很空虚。身穿华丽服装，腰佩锋利长剑，吃饱喝足，财富有余，这就叫作强盗行径。强盗行径是不合乎道的呀！

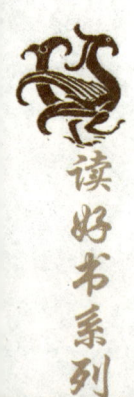

第五十四章（修身）

【原　文】

善建者不拔，善抱者不脱，子孙以祭祀不辍。修之于身，其德乃真；修之于家，其德乃余；修之于乡，其德乃长；修之于邦①，其德乃丰②；修之于天下，其德乃普。故以身观身，以家观家，以乡观乡，以邦观邦，以天下观天下。吾何以知天下之然哉？以此。

【注释】

① 邦：国。
② 丰：广大的意思。

【译文】

善于建树的人不可动摇，善于抱持的人不会脱离，子孙凭此原则行事可以世代祭祀祖先而不中断。用德修身，他的德就可以纯真；用德治家，他的德就会有余；用德治乡，他的德就会增长；用德治国，他的德就合广大；用德治天下，他的德便会普遍。因此，从自身之德观察他人之德，从自家之德观察邻家之德，从自己家乡之德观察其他地区之德，从自己国家之德观察其他国家之德，从今日天下之德观察未来天下之德。我凭什么知道天下的情况呢？运用的就是这个道理和方法。

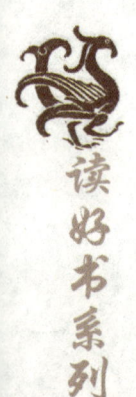

第五十五章（修身）

【原　文】

　　含德之厚,比于赤子①。毒虫不螫,猛兽不据,攫(jué)鸟不搏。骨弱筋柔而握固,未知牝(pìn)牡②之合而朘(zuī)作,精之至也。终日号而不嗄(shà),和之至也。知和曰常,知常曰明,益生曰祥,心使气曰强。物壮则老,谓之不道,不道早已。

【注 释】

① 赤子:初生的婴儿。
② 牝牡:雌和雄。

【译 文】

　　人饱含深厚的德,就好像初生的婴儿。毒虫不去刺伤他,猛兽不去伤害他凶鸟不去搏击他。他筋骨柔弱,拳头却握得很紧;他还不懂得男女交合,但小生殖器却常常翘起,这是他精气非常充足的缘故;他整天号哭,但嗓子却不哑,这是他身体和谐、元气浑厚的缘故。精气旺盛与元气浑厚,就叫"常",认识到"常"叫作"明"。有益于养生叫作"祥",欲望支配精气叫作"强"。过分强壮就会趋于衰老,这叫作不合乎"道"。不合乎"道",很快就会死亡。

第五十六章（治国）

【原　文】

知者不言，言者不知。塞其兑①，闭其门；挫其锐，解其纷；和②其光，同其尘③。是谓玄同。故不可得而亲，不可得而疏；不可得而利，不可得而害；不可得而贵，不可得而贱。故为天下贵④。

读好书系列

【注 释】

①兑：耳目。
②和：调和。
③尘：尘俗。
④贵：尊重。

【译 文】

明智的人不夸夸其谈，夸夸其谈的人不明智。堵住耳目孔窍，关闭传递知识的门户；挫掉自己的锋芒，调解自己的纠纷；调和自己的光辉，把自己混入尘世之中。这就到了"道"的高深境界。所以对这种人；不可能亲近他，也不可能疏远他，不可能使他获利，也不可能伤害他；既不能使他尊贵，也不能使他下贱。所以，这样的人才能被天下人尊重。

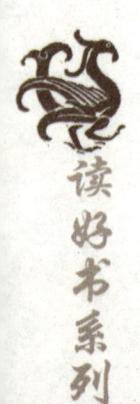

第五十七章（治国）

【原　文】

以正治国，以奇①用兵，以无事取天下。吾何以知其然哉？以此：天下多忌讳，而民弥②贫；民多利器，国家滋昏③；人多伎巧，奇物滋起；法令滋彰，盗贼多有。故圣人云："我无为，而民自化；我好静，而民自正；我无事，而民自富；我无

欲,而民自朴。"

【注释】

①奇:诡秘的计谋。
②弥:越、更加。
③昏:混乱。

【译文】

以平常的办法治国,以出奇制胜的计谋用兵,以无所事事的方式统治天下。我根据什么知道是这样的呢?从这些事情可以看出:天下的禁忌越多,人民就越贫穷;民间武器越多,国家就越混乱;人民的技巧智慧越多,邪恶的事情就层出不穷;法令越严明,盗贼反而越多。因此,圣人说:"我无所作为,百姓就自我教化;我喜欢清静,百姓就自然规矩;我无所事事,百姓就自己富足;我没有私欲,百姓就自然朴实。"

第五十八章（治国）

【原　文】

其政闷闷①，其民淳淳；其政察察②，其民缺缺③。祸兮福所倚；福兮祸所伏。孰知其极？其无正邪？正复为奇，善复为妖。人之迷，其日固久。是以圣人方而不割，廉而不刿（guì）④，直而不肆，光而不耀。

【注 释】

①闷闷:这里是宽容的意思。
②察察:严密、苛酷。
③缺缺:狡诈的意思。
④刿:用刀尖刺伤人。

【译 文】

国家的政治宽容,人民就淳厚质朴;国家的政治严苛,人民就狡黠诡诈。灾祸是幸福倚傍的地方;幸福是灾祸潜伏的地方。谁知道它们的终极?没有一个标准吗?正可能随时转变为奇,善可能随时转变为恶。人们迷惑不解,已经有很长的时日了。因此,圣人的言行方正而不割裂,性格刚强而不伤人,直率而不放肆,光鲜而不炫耀。

第五十九章（修身）

【原　文】

治人事①天，莫若啬。夫唯啬②，是谓早服；早服谓之重积德；重积德则无不克；无不克则莫知其极③；莫知其极，可以有国；有国之母④，可以长久。是谓深根固柢(dǐ)、长生久视之道。

【注释】

①事：侍奉、保养、养护。
②啬：爱惜。
③极：最高点、顶点、尽头。
④母："道"，根本。

【译文】

治理人民，养护身心，没有比爱惜精力更好的。爱惜精力，就是尽早服从自然事理。尽早服从自然事理，这就叫作不断积蓄"德"；不断地积蓄"德"，就战无不胜；战无不胜，就没有人知道他的力量到底有多大；无法知道他的力量，他就可以担负保护国家的重任；掌握国家的根本大道，就可以长治久安。这就是根基深固、长久永存的道理。

第六十章（治国）

【原文】

治大国，若烹小鲜。以道莅(lì)①天下，其鬼不神。非其鬼不神，其神不伤人；非其神不伤人，圣人亦不伤人。夫两不相伤，故德交归焉。

【注释】

①莅：治理、对待。

【译文】

治理大国，如同煎烹小鱼，不要多次翻动。用"道"来治理天下，那么鬼怪都不显灵了；不但鬼不灵了，而且神也不伤人了；不但神仙不伤人，而且圣人也不想伤人了。鬼神和圣人都不伤害人，所以鬼、神、圣人、百姓都归入道德了。

第六十一章（治国）

【原　文】

大邦者下流，天下之牝①，天下之交也。牝常以静胜牡②，以静为下。故大邦以下小邦，则取小邦；小邦以下大邦，则取大邦。故或下以取，或下而取。大邦不过欲兼畜人，小邦不过欲入事人。夫两者各得所欲，大者宜为下。

大国要像江河一样处于下游。

【注释】

① 牝：雌性。
② 牡：雄性。

【译文】

大国要像江河一样处于下游，也就是处于雌柔的位置，那是天下交汇的地方。雌柔经常以安静战胜雄强，就是因为它安静而处于低下的缘故。所以，大国用谦下的态度对待小国，就可以取得小国的信任；小国用谦下的态度对待大国，也才能取得大国的信任。所以，有时大国以谦下的态度取得小国的信任，有时小国以谦下的态度取得大国的信任。大国不过是想兼并小国，小国不过是想侍奉大国，如果大国和小国都实现了自己的愿望，大国必须具有谦下的态度。

老子

第六十二章（修身）

【原　文】

道者万物之奥①。善人之宝,不善人之所保。美言可以市尊②,美行可以加人③。人之不善,何弃之有？故立天子,置三公,虽有拱璧以先驷马,不如坐进此道。古之所以贵此道者何？不曰:求以得,有罪以免邪？故为天下贵。

【注释】

① 奥：主宰、保护的意思。
② 市尊：博取尊敬。市，取、买。
③ 加人：对人加以影响。

【译文】

"道"是万物的主宰。它是善良人的法宝,不善良的人也要保持的东西。美好的言论可以博取人们的尊敬,美好的行为可以受到人们的重视。即使是不善良的人,为什么要抛弃"道"呢？所以,设立天子,设置三公,即使有拱璧在先、驷马随后这样隆重的礼仪,倒不如用"道"作为献礼。古时候重视"道"的原因是什么呢？不就是说：有求就可以得到,有罪就可以免除吗？所以"道"被天下人所尊重。

第六十三章（修身）

【原　文】

为无为，事无事，味无味。大小多少。报怨以德。图①难于其易，为大于其细。天下难事，必作于易；天下大事，必作于细。是以圣人终不为大，故能成其大。夫轻诺②必寡信，多易必多难。是以圣人犹③难之，故终无难矣。

【注释】

①图：解决、处理。
②轻诺：轻易承诺。
③犹：均、都。

【译文】

以"无为"的态度去作为，以"无事"的方式去做事，把无味当作味。大生于小，多起于少。用恩德去报答怨恨。解决困难的事要从容易的地方着手，做大事情要从细小的地方入手。天下的难事，必定从简易开始；天下的大事，必定由细小开始。因此，圣人始终不自以为大，所以能够成就他的伟大。轻易承诺必然很少守信用，把事情看得太容易必然遭受很多困难。因此，圣人遇事都看得很困难，所以最终就没有困难。

第六十四章（治国）

【原　文】

其安易持，其未兆易谋；其脆易泮（pàn）①，其微易散。为之于未有，治之于未乱。合抱之木，生于毫末；九层之台，起于累土；千里之行，始于足下。为者败之，执者失之。是以圣人无为故无败；无执故无失。民之从事，常于几成而败之。慎终如始，则无败事。是以圣人欲不欲，不贵难得之货；学不学，复②众人之所过，以辅万物之自然而不敢为。

【注释】

①泮:散。
②复:改正错误的意思。

【译文】

　　事物稳定时容易维持,事物还没有出现变化的迹象时,容易应对;事物脆弱时容易分化,事物还微小时,容易打散。要在事情还没有发生变化时就把它做好,要在混乱还没有产生时就把它治理好。合抱粗的大树,生长于细小的萌芽;九层高的楼台,起始于积累的泥土;千里的远行,开始于自己的脚下。有所作为将会招致失败,有所执着将会遭受损失。因此圣人无所作为,所以不会招致失败;无所执着,所以不会遭受损失。百姓做事情,经常在接近成功的时候却失败了。如果像慎重对待开始一样对待结束,就没有失败的事情了。因此有"道"的圣人所向往的事,是别人所不向往的。(他)不看重那些稀罕的财物;他的学习就是不学;改正众人的错误,(用上述原则)辅助万物自然发展而不敢勉强改变。

第六十五章（治国）

【原　文】

古之善为道者，非以明民，将以愚之。民之难治，以其智多。故以智治国，国之贼①；不以智治国，国之福②。知此两者亦稽式。常知稽式，是谓"玄德"。"玄德"深矣，远矣，与物反③矣，然后乃至大顺④。

【注释】

①贼：祸害。
②福：幸福、好处。
③反：同"返"，返回。
④大顺：顺应自然。

【译文】

古代善于行道的人，并不是让百姓聪明机智，而是使百姓质朴厚道。人民之所以难统治，是因为他们有太多的智慧。所以用智慧去治理国家，是国家的祸害；不用智慧去治理国家，是国家的幸福。知道这两者的差别就是法则。经常认识这个法则，就是"玄德"。"玄德"深沉啊，幽远啊，与万物返回到质朴的本原，就可以顺应大自然的规律。

第六十六章（治国）

【原文】

江海之所以能为百谷①王②者，以其善下之，故能为百谷王。是以圣人欲上民，必以言下之；欲先民，必以身后之。是以圣人处上而民不重③，处前而民不害。是以天下乐推而不厌。以其不争，故天下莫④能与之争。

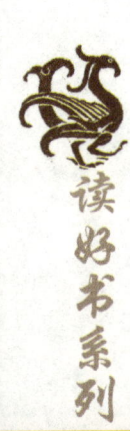

【注释】

①百谷：百川，即众多的河流。
②王：河流所归往的地方。
③重：负担、压迫。
④莫：没有谁。

【译文】

江河大海所以能成为河流汇聚的地方，是因为它处在低下的地方，所以才能成为河流归往的地方。因此，圣人要统治人民，必须用言辞对人民表示谦下；要领导人民，必须把自身放在人民的后面。因此，圣人处于人民之上而人民不感到有负担；处于人民之间，而人民不感到有妨碍。因此天下人民乐意拥戴他而不厌恶。正因为他不与人争，所以天下没有谁能与他争。

老子

第六十七章（修身）

【原 文】

天下皆谓我道大，似不肖。夫唯大，故似不肖。若肖，久矣其细①也夫！我有三宝，持而保之。一曰慈，二曰俭，三曰不敢为天下先。慈故能勇；俭故能广；不敢为天下先，故能成器长。今舍慈且勇，舍俭且广，舍后且先，死矣！夫慈以②战则胜，以守则固。天将救之，以慈卫之。

【注释】

①细：渺小。
②以：用，指使用慈爱。

【译文】

天下的人都说"道"是博大的，好像它并不像一般东西。正由于它广大，所以它不像任何东西。如果它像什么具体东西的话，它早就渺小得很了！道有三种宝贝，我掌握并保存着它们。第一件叫慈爱，第二件叫节俭，第三件叫不敢处于天下人的前面。（因为）慈爱，所以能够勇敢；（因为）节俭，所以能够宽广；（因为）不敢处于天下人的前面，所以能够成为万物之长。现在，舍弃慈爱只讲勇敢，舍弃节俭只讲富裕，舍弃退让只讲争先，结果只能是死路一条！慈爱用于进攻就能获胜，用于守卫就能稳固。上天要帮助谁，就用慈爱去保卫谁。

第六十八章（议兵）

【原文】

善为士①者，不武②；善战者，不怒；善胜敌者，不与③；善用人者，为之下④。是谓不争之德，是谓用人之力，是谓配天⑤古之极⑥。

【注释】

①士：卿士。文中指统帅、执政者。
②不武：不炫耀武力、不逞勇武。
③不与：不交战、不相斗。
④下：态度谦下、和蔼。
⑤配天：符合自然的道理、规律。
⑥极：标准、准则。

【译文】

善于当统帅的人，不炫耀武力；善于作战的人，不易被人激怒；善于战胜敌人的人，不与敌人正面交战；善于用人的人，对人的态度是很谦下的。这就称为不争的品德，这就称为善于用人的能力，这叫作符合自然的规律，这是自古以来的准则。

第六十九章（议兵）

【原　文】

用兵有言①："吾不敢为主，而为客②；不敢进寸，而退尺。"是谓行无行，攘③无臂，扔④无敌，执无兵。祸莫大于轻敌，轻敌几丧吾宝。故抗兵相若，哀者胜矣。

【注 释】

①有言：有这样的说法。
②客：战争时的被迫自卫。
③攘：举起。
④扔：对抗的意思。

【译 文】

用兵打仗时有这样的说法："我不敢采取攻势主动挑起战争，而采取守势；不敢前进一寸，而宁可后退一尺。"这就是说，摆阵势，像没有阵势可摆一样；举胳膊，像没有胳膊可举一样；抵御敌人，像没有敌人可抵御一样；手执兵器，像没有拿兵器一样。没有比轻敌更大的灾祸，轻敌几乎丧失了我的法宝。所以，对抗的两军力量相当，一定是悲哀的一方胜利。

老子

第七十章（修身）

【原　文】

吾言甚易知，甚易行。天下莫能知，莫能行。言有宗①，事有君②。夫唯无知，是以不我知。知我者希，则我者贵。是以圣人被③褐④而怀⑤玉⑥。

【注释】

①宗：根据、根本。
②君：主、主旨。
③被：同"披"，穿着的意思。
④褐：粗布衣服。
⑤怀：揣着。
⑥玉：宝玉。

【译文】

我的话很容易理解，也很容易实行。而天下却没有人能知晓，没有人去实行。说话要有根据，行事要有主旨。天下人不了解这些，因此也就不了解我。了解我的人很少，效法我的人更是难能可贵。因此，圣人总是外面穿着粗布衣服而怀内揣着美玉。

第七十一章(修身)

【原文】

知不知,尚①矣;不知知,病②也。圣人不病,以其病病。夫唯病病,是以不病。

【注释】

①尚:通"上",高尚。
②病:祸患。

【译文】

知道却像不知道一样,是很高尚的。不知道却自以为知道,这是祸患。圣人没有祸患,是因为早已知道祸患就是祸患,于是认真对待,及时处置。正因为早已知道祸患就是祸患,认真对待,及时处置,所以就没有祸患。

第七十二章（治国）

【原　文】

民不畏①威，则大威至②。无狎③其所居，无厌④其所生。夫唯不厌，是以不厌。是以圣人自知不自见⑤，自爱⑥不自贵。故去彼取此。

老子

【注释】

①畏：害怕。
②至：发生、到。
③狎：同"狭"，迫使、逼迫。
④厌：同"压"，是压迫的意思。
⑤见：同"现"，显露、表现。
⑥爱：尊重、自爱。

【译文】

人民不害怕统治者，那么更大的祸乱就要发生了。统治者不要逼得人民不得安居，不要阻塞人民谋生的道路。只有不压迫人民，人民才不会厌恶统治者。因此，圣人有自知之明而不自我表现，自我爱护而不自显高贵。所以，要抛弃"自见""自贵"，采取"自知""自爱"。

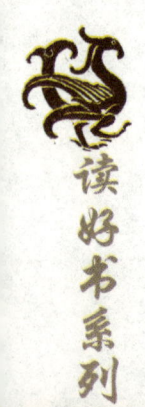

第七十三章（治国）

【原　文】

勇于敢①则杀，勇于不敢则活。此两者，或②利或害。天之所恶，孰知其故？是以圣人犹难之。天之道③，不争而善胜，不言而善应，不召而自来，④然而善谋。天网⑤恢恢⑥，疏而不失。

【注释】

①敢:进取。
②或:有的。
③天之道:自然的规律。
④繟:安然、舒缓、慢慢吞吞的样子。
⑤天网:自然的范围。
⑥恢恢:宽大、广大。

【译文】

勇于进取就死,勇于谦让就活。这两种勇气,有的有利,有的有害。上天所厌恶的,谁知道是什么缘故呢?即使是圣人也难以说清楚。自然的规律,不争夺而善于取胜,不说话而善于回应,不召唤而自己到来,安闲舒缓而善于谋划。天网广大无边,网眼虽然稀疏,却什么也不会漏掉。

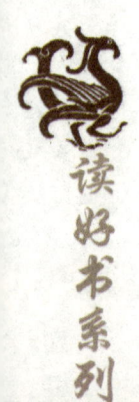

第七十四章（砭时）

【原文】

民不畏死,奈何以死惧之？若使民常畏死,而为奇①者,吾得执而杀之,孰敢？常有司杀者②杀。夫代司杀者杀,是谓代大匠③斫(zhuó)④。夫代大匠斫者,希⑤有不伤其手矣。

【注释】

①奇：邪恶。
②司杀者：负责行刑的人，文中指自然和上天。
③大匠：工匠的首领。
④斫：用斧头砍木头。
⑤希：同"稀"，很少的意思。

【译文】

人民不怕死，为什么用死来威吓他们呢？如果让人民经常害怕死，那么对那些作恶的人，我们就可以抓来杀掉，这样谁还敢干坏事？平常有"司杀者"（自然、上天）主宰杀的事情。那些硬要代替自然和上天去杀，就如同代替木匠去砍木头一样。代替木匠砍木头，很少有不砍伤自己手的。

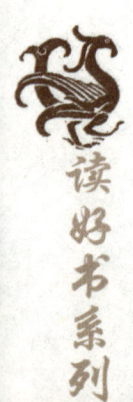

第七十五章(砭时)

【原 文】

民之饥,以其上①食税之多,是以饥。民之难治,以其上之有为②,是以难治。民之轻③死,以其上求生④之厚,是以轻死。夫唯无以生为者,是贤⑤于贵⑥生。

老子

读好书系列

【注 释】

①上：统治者。
②有为：有所作为。
③轻：不重视、看轻的意思。
④求生：养生的意思。
⑤贤：比……好，超过、胜过。
⑥贵：看重的意思。

【译 文】

　　人民闹饥荒，是因为统治者征收的赋税太多，所以造成饥荒。人民难以治理，是因为统治者胡作非为，所以难以治理。人民不怕死，是因为统治者过分追求保养自己，人民因此冒死反抗。只有那些不把生命看得过分重的人，才能比过分重视生命的人高明。

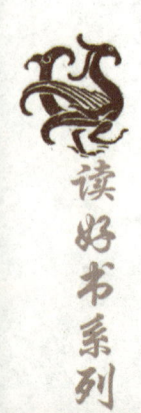

第七十六章（修身）

【原 文】

人之生①也柔弱②,其死也坚强③;草木之生也柔脆,其死也枯槁(gǎo)④。故坚强者死之徒⑤,柔弱者生之徒。是以兵⑥强则灭,木强则折。强大处下,柔弱处上。

【注释】

①生：生活、生存。
②柔弱：人的身体、肌肉、筋骨的柔软。
③坚强：人身体肌肉的僵硬。
④槁：干枯。
⑤徒：类型。
⑥兵：军队、武器。

【译文】

人活着时身体柔软，死后身体僵硬；草木生长时柔弱，死后变得干硬。所以坚强的东西是属于死亡的一类，柔弱的东西属于具有生命力的一类。因此，军队逞强就要失败灭亡，树木强壮就会遭受砍伐。凡是强大的，都处于卑下的地位；凡是柔弱的，都处于上等的地位。

第七十七章（砭时）

【原文】

天之道,其犹张弓欤? 高者抑之,下者举之;有余者损之,不足者补之。天之道,损有余而补不足;人之道①,则不然,损不足以奉有余。孰能有余以奉天下? 唯有道者。是以圣人为而不恃②,功成而不处③,其不欲见④贤。

【注释】

①人之道：社会的法则。
②恃：倚靠、倚仗。
③处：享有、占有。
④见：同"现"，表现。

【译文】

　　自然的法则，不是很像拉弓射箭吗？弦位高了就把它压低一些；弦位低了，就把它抬高一点；弦长有多余的，就减少，不足的则加以补充。自然的规律，是减少多余的而弥补不足的；社会的法则就不是这样，是减少不足的而供养有余的。谁能够用有余来供养天下的不足呢？只有得"道"的人。因此，圣人有所作为而不自恃己能，有所成就而不居功，他不愿意表现自己的贤能。

第七十八章（修身）

【原 文】

天下莫柔弱于水，而攻坚强者莫之能胜，以其无以易①之。弱之胜强，柔之胜刚，天下莫不知，莫能行。是以圣人云："受国之垢②，是谓社稷(jì)③主；受国不祥④，是为天下王。"正言若反。

【注 释】

①易：交换、取代、代替。
②垢：耻辱、屈辱。
③社稷：天下、国家。
④不祥：灾难、灾祸。

【译 文】

天下没有比水更柔弱的东西了，但是攻击坚硬的东西，没有什么能胜过水，这是因为没有任何东西能够代替水。弱能胜强，柔能胜刚，天下人没有不知道的，却没有人能够实行。因此圣人说："承受国家的屈辱，才能叫作国家的君主；承受国家的灾难，才能称为天下的君王。"正面的话听起来却像反面的话一样。

第七十九章（治国）

【原　文】

和①大怨，必有余怨，安②可以为善？是以圣人执左契(qì)③，不责于人。故有德司契④，无德司彻。天道无亲，常与⑤善人。

【注释】

①和：调解、调和。
②安：哪里、怎么。
③契：契券，古代借贷粮米、金钱等财物都用契券。
④司契：掌管契据的人。
⑤与：帮助。

【译文】

调和巨大的怨恨，必定有余留的怨恨，这哪里算得上好办法呢？因此，圣人拿着契据存根，却并不向负债的人讨债。有德的人就像掌握契据的人一样宽容大度，没有德的人就像掌管税收的人一样苛刻计较。自然的规律对谁都没有偏爱，总是帮助有德的人。

第八十章（治国）

【原　文】

小国寡民。使有什伯之器①而不用，使民重死而不远徙。虽有舟舆(yú)②，无所乘之；虽有甲兵③，无所陈之。使人复④结绳而用之。甘其食，美其服，安其居，乐其俗。邻国相望，鸡犬之声相闻，民至老死不相往来。

【注释】

①什伯之器：各种各样的器具。
②舟舆：舟，船。舆，车。
③甲兵：武器装备。
④复：再。

【译文】

国家要小，人民要少。即使有各种各样的器具也不使用，使人民珍惜生命、看重死亡而不向远处迁徙。虽然有车船，却没有使用的必要；虽然有武器装备，却没有列阵示威的必要。使人民再回到结绳记事的时代。人民吃得香甜，穿得漂亮，住得安适，满足于朴素宁静的生活和习俗。毗邻的国家隔界可以看见，鸡和狗的叫声互相可以听见，而人民直到老死，也不互相往来。

第八十一章（修身）

【原　文】

信言①不美,美言不信。善者不辩②,辩者不善。知者不博,博者不知。圣人不积③,既④以为人,己愈有;既以与⑤人,己愈多。天之道,利而不害;圣人之道,为而不争。

【注释】

①信言：真话、诚实的话。
②辩：口才好、能说会道。
③积：私自积藏、保留。
④既：全部、尽。
⑤与：给予。

【译文】

真实的话不漂亮，漂亮的话不真实。善良的人不争辨，争辨的人不善良。真正有知识的人不卖弄，卖弄自己懂得多的人不是真的有知识，圣人不保留财物，而是尽力照顾他人，自己反而更为充足；他尽力给予他人，自己也更加丰富。自然的规律是让万事万物都得到好处而不伤害它们；圣人的行事准则是施惠于众人而不与人争夺。

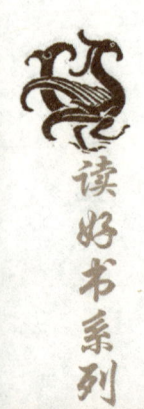